MODEL BIZNESOWY (BUSINESS MODEL CANVAS)

KLUCZOWE INFORMACJE

- **Nazwa:** Business Model Canvas, BMC.

- **Zastosowania:** Business Model Canvas jest cennym narzędziem strategicznym, które służy do konceptualizacji nowych modeli biznesowych lub dokumentowania istniejących. Pomaga ukierunkować decyzje dotyczące wprowadzenia produktu, startupu lub nowego procesu poprzez zobrazowanie wartości i podstawowej działalności firmy.

- **Dlaczego jest to skuteczne?** Prostota i przejrzystość wizualnej prezentacji narzędzia sprawiają, że jest ono proste w użytkowaniu samodzielnym lub zespołowym.

- **Słowa kluczowe:**

  - <u>Model biznesowy</u>: Model, poprzez który firma tworzy wartość. Poprzez strategię rozwoju działalności podstawowej, wartość ta powinna odzwierciedlać się w nagrodach finansowych dla firm, które są w stanie zadowolić swoich klientów.

  - <u>Biznesplan</u>: Projekcja, spisana w oficjalnym dokumencie, która nakreśla tę strategię w oparciu o analizy rynkowe oraz rygorystycznie zebrane i zbadane dane.

MODEL BIZNESOWY (BUSINESS MODEL CANVAS)

Spraw, aby Twój biznes dobrze prosperował dzięki temu prostemu modelowi

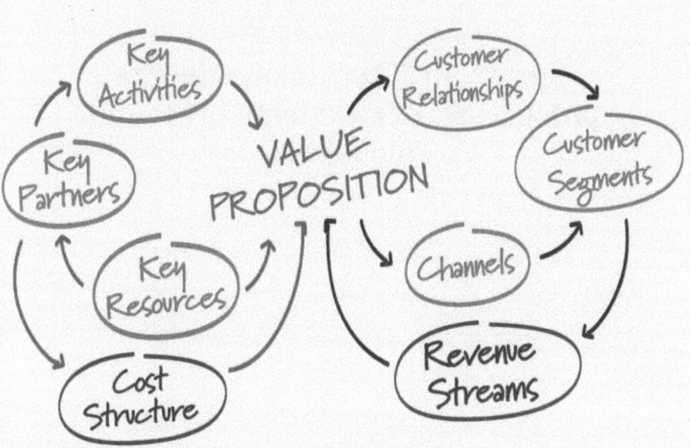

MODEL BIZNESOWY (BUSINESS MODEL CANVAS)

Spraw, aby Twój biznes dobrze prosperował dzięki temu prostemu modelowi

napisany przez Magali Marbaise
przetłumaczony przez Kâmil Kowalski

- Canvas: Podstawowy konspekt, który grupuje zbiór elementów w uporządkowany sposób.

WSTĘP

Ambitni pracownicy, którzy chcą piąć się po szczeblach kariery w swojej firmie i urzeczywistniać rewolucyjne, wysokowartościowe idee, jak również przedsiębiorcy, którzy dążą do ożywienia swojej firmy lub maksymalizacji udzuału na runku, skorzystają z dogłębnego zrozumienia, jak działa ich firma, jak generuje wzrost i jakie dźwignie wzrostu są najkorzystniejsze. Business Model Canvas jest doskonałym sposobem na rozwinięcie tego zrozumienia.

To strategiczne narzędzie zostało opracowane przez Alexandra Osterwaldera (austriackiego teoretyka, ur. 1974) i Yvesa Pigneura (belgijskiego informatyka i profesora Uniwersytetu w Lozannie, ur. 1954) w ich bestsellerowej książce *Business Model Generation* (2010). Jest ona wykorzystywana głównie (choć nie tylko) przez przedsiębiorców, a jej celem jest umożliwienie im przekształcenia swoich pomysłów w innowacyjne i konkurencyjne projekty. Aby to zrobić, autorzy zachęcają każdą firmę, która korzysta z Business Model Canvas, do rozważań nad wartością, którą tworzą dla swoich klientów i dla siebie. Model ten jest szczególnie odpowiedni dla osób działających w małych firmach lub startupach, gdzie struktura nie jest silnie zhierarchizowana: kanwa oferuje bardziej systematyczne podejście niż większość tradycyjnych modeli poprzez wyartykułowanie różnych części składowych biznesu.

DEFINICJA MODELU

Według twórców metody, ramy te umożliwiają organizacjom kreowanie, dostarczanie i przechwytywanie wartość (Osterwalder i Pigneur, 2010).

Business Model Canvas wpisuje się w nurt myślenia wizualnego i projektowego. Oznacza to, że poprzez swój nieliniowy proces umożliwia kreowanie systemu wizualnego, który jest dostępny, czytelny i łatwy do zrozumienia dla każdego. Kanwa ta jest medium, które przedsiębiorcy mogą wykorzystać do rozważenia opracowania swojego modelu biznesowego na jednej stronie: mogą łatwo zorganizować swoje pomysły w polach w szablonie, aby szybciej – i skuteczniej – przejść do działania. Fakt, że oferuje on przegląd budowanych modeli, ułatwia jasne określenie priorytetów, tworzenie konkretnych planów działania oraz kreatywne i adaptacyjne podejście, co znacznie upraszcza przyszłe opracowanie planu biznesowego. Narzędzie to poprawia również interakcje z klientami i zwiększa komunikację między pracownikami.

TEORIA

Wszystkie firmy marzą o posiadaniu kluczy do sukcesu, a najbardziej ceniona jest prostota! Chociaż te ramy nie uwzględniają tak naprawdę aspektu czysto konkurencyjnego, to jednak są bardzo ciekawe, praktyczne i dostępne dla wszystkich.

DZIEWIĘĆ NARZĘDZI

Macierz składa się z dziewięciu powiązanych ze sobą bloków, które obrazują wszystkie aktywności podjęte przez firmę:

- kluczowe działania
- kluczowe partnerstwa
- kluczowe zasoby
- segmenty klientów
- kanały
- relacje z klientami
- propozycja wartości
- struktura kosztów
- strumieni dochodów.

Wyraźnie zróżnicowane i zidentyfikowane pudełka są starannie i precyzyjnie ułożone na kanwie. Taki układ tworzy między nimi synergię, czego efektem jest unikalna strategia dla każdej firmy, która spróbuje tego ćwiczenia.

Kreowanie wartości

* **Kluczowe działania.** Kluczowe działania są istotne dla firmy, ponieważ dzięki nim tworzona jest propozycja wartości dla klienta, która pośrednio generuje dochód. Działania te są zróżnicowane, w zależności od rodzaju modelu biznesowego. Na przykład w firmie ubezpieczeniowej kluczową działalnością jest ochrona aktywów klientów i wypłacanie im odszkodowań w przypadku straty; szpital będzie odpowiedzialny za zdrowie pacjentów. Według Osterwaldera, działania można sklasyfikować w trzech różnych kategoriach:

    o Te, które są bezpośrednio związane z wytwarzaniem produktu;

    o Osoby dążące do opracowania rozwiązań (usług) zaspokajających potrzeby klientów;

    o Te, które odbywają się w całości lub w części w internecie (internetowe strony zakupowe czy banki).

* **Kluczowe partnerstwa.** Powiedzenie "dwie głowy, to nie jedna" jest uniwersalne i ma szczególny wydźwięk w świecie zawodowym, w naszych firmach. Posiadanie i utrzymywanie dobrych relacji ze starannie dobranymi, konkurencyjnymi i wiarygodnymi partnerami wzmacnia pozycję zajmowaną przez organizację na swoim rynku poprzez usprawnienie modelu biznesowego. Charakter partnerstwa zależy od celów firmy:

- Podwykonawstwo mające na celu wzrost korzyści skali lub zmiany profilu działalności;

- Fuzje w celu redukcji ryzyka i niepewności związanej z otoczeniem konkurencyjnym;

- Wdrożenie określonych zasobów i działań, które pozwalają na zlecanie niektórych czynności innym firmom. Przykładem może być firma ubezpieczeniowa, która korzysta z zewnętrznego biura oceny przy wypłacaniu roszczeń.

Istnieją różne profile kluczowych partnerów. Niezależnie od tego, czy partnerem jest firma, czy osoba fizyczna, ważne jest to, że udzielają wsparcia, doradzają itp. co ułatwi rozwój firmy: banki, inwestorzy, współpracownicy, dostawcy czy nawet klienci, ale także konkurenci.

- **Kluczowe zasoby.** Składają się na nie aktywa firmy, na których się opiera i które umożliwiają jej utrzymanie działalności gospodarczej lub pomyślną realizację łańcucha wartości. Istnieje zatem pewna współzależność pomiędzy kondycją firmy – zarówno finansową, jak i ludzką, intelektualną (patenty itp.) lub materialną – a zasobami dostępnymi do (ponownego) uruchomienia propozycji wartości. Idąc tym tokiem rozumowania, małe i średnie firmy będą w pełni wykorzystywać stosunkowo niewielki rozmiar swoich zespołów (zasobów ludzkich), aby skupić się na regularnych, osobistych kontaktach z klientami. I odwrotnie, firma informatyczna może preferować skupienie się na zasobach materialnych, takich jak procesory, chłodziarki czy magazyny, w celu wzmocnienia swojej propozycji wartości.

* **Segmenty klientów.** Większość firm zawdzięcza swój dobrobyt klientom, którzy są siłą napędową wielu podejmowanych działań gospodarczych. Dlatego ważne jest, aby dobrze ich poznać, zidentyfikować ich oczekiwania i zaproponować ofertę, która najlepiej zaspokoi ich potrzeby. Na ich podstawie organizacja ustala segmenty klientów o takich samych lub podobnych potrzebach i wybiera grupy, do których w szczególności kieruje ofertę.

 ## DEFINIOWANIE I WYBÓR SEGMENTÓW

Istnieją różne rodzaje segmentów klientów, takie jak rynek masowy, rynek niszowy, rynek zróżnicowany itp. W zależności od wybranego rodzaju działalności, możliwości finansowych i sytuacji gospodarczej, firma będzie kierować się do jednego lub drugiego segmentu. Na przykład restauracja z wyższej półki będzie starała się przyciągnąć głównie zamożnych klientów, podczas gdy brasserie będzie oferowała bardziej przystępne menu (chyba że będzie chciała zaoferować coś innego i celować w inny rodzaj klienteli; w takim przypadku zdecyduje się na odmienne podejście, na przykład oferując wina wyższej jakości i podkreślając ten wybór w swojej komunikacji). Wybór segmentu może być również oparty na położeniu geograficznym: założenie restauracji wysokiej klasy wydaje się bardziej odpowiednie w niektórych miejscach niż w innych (w centrum miasta lub na wsi).

- **Kanały.**

  - Propozycje wartości są dostarczane klientom poprzez kanały. Reklama, sieci społecznościowe itp. są kluczowymi "interfejsami" pomiędzy firmą a jej klientami.

- **Relacje z klientami.** Optymalizacja relacji z klientami to ulubiony temat każdej firmy. Pielęgnowanie relacji z konsumentami propozycji wartości sprzyja ich lojalności, gwarantując tym samym w pewnym sensie trwałość firmy. Relacja budowana jest poprzez wielokrotny kontakt klienta z produktem/usługą/biznesem, niezależnie od tego, czy chodzi o konsumpcję lub doświadczenie jako takie, czy też ekspozycję na marketing wokół oferty. Każda firma musi więc ustalić konkretną politykę, według której określi swoje obecne i przyszłe relacje z klientami. Relacje te mogą przyjąć kilka form, w tym bardziej spersonalizowane podejście, samoobsługę i standaryzację.

- **Propozycja wartości.** Propozycje wartości to usługi lub produkty, które firma oferuje (sprzedaje) swoim klientom.

👁 CO TO JEST WARTOŚĆ?

Wartość jest tym, co pozwala firmie rozwijać się oraz zdobywać i utrzymywać klientów poszukujących wartości dodanej: wartości dla pieniędzy, marki, jakości usług i efektywności. Aby zrealizować tę wartość, należy więc być świadomym, jakie potrzeby zostały zaspokojone – a przede wszystkim, jakie nie zostały zaspokojone – na rynku oraz przeanalizować, co oferuje konkurencja.

Równowaga finansowa

- **Struktura kosztów.** Wiele elementów modelu biznesowego ponosi i generuje koszty (dobrym przykładem jest reklama).

- **Strumienie przychodów.** W tym polu znajdą się odpowiedzi na następujące pytania: Jakie są źródła przychodów? Jaką cenę są skłonni zapłacić klienci i za jakie produkty? Generowanie strumieni przychodów jest zatem kluczowe, ponieważ od tego zależy przetrwanie każdego przedsiębiorstwa. Najczęściej spotykane oferty to sprzedaż towarów, prawo użytkowania (klienci płacą za korzystanie z produktu lub usługi), subskrypcje, leasingi/pożyczki itp. Poza tym dochodem z relacji B2C nie wolno pominąć przychodów z partnerstwa B2B, takich jak reklama i sponsoring.

PRAKTYCZNE ZASTOSOWANIE

PORADY I NAJLEPSZE PRAKTYKI

Organizacja warsztatów BMC

Jak wspomniano wcześniej, model ten jest interaktywny: uczestnicy z firmy siadają, rysują matrycę na dużym arkuszu papieru, który przyklejają na ścianie lub umieszczają na środku stołu, dyskutują, wchodzą w interakcje i "przyklejają" swoje pomysły na modelu. Metoda Post-it®, zaproponowana przez Osterwaldera, wydaje się bardzo skuteczna w kontekście tej pracy grupowej: pomysły mogą być usuwane, zastępowane i przesuwane w miarę postępu dyskusji i pojawiania się różnych punktów. Podczas warsztatu Business Model Canvas nie pozostaje "nieruchomy", ale raczej jest budowana jedna Notatka Post-it® na raz (Osterwalder i Pigneur, 2010), ponieważ:

- Użytkownicy aktywnie myślą o tym, co powinni umieścić w każdym polu w modelu, zadając sobie serię pytań. Na przykład w przypadku propozycji wartości interesujące byłoby zastanowienie się nad wartością, jaką firma dostarcza klientowi, problemem, który proponują rozwiązać, potrzebami, na które odpowiadają itp. Te punkty powinny być potraktowane jako dogłębnie analizowane.

- Każdy uczestnik ma podkładkę z karteczkami samoprzylepnymi i długopisem, co pozwala mu dzielić się swoimi przemyśleniami z kolegami i jednocześnie organizować swoje pomysły. W tym podejściu model biznesowy jest rozwijany poprzez burzę mózgów i notowanie pomysłów. Główną ideą jest to, że prostota stymuluje kreatywność. Celem jest również zaangażowanie pracowników na wszystkich szczeblach firmy.

Wreszcie, firmy muszą pamiętać o regularnym testowaniu swojego modelu. Stawianie hipotez pozwala na dopracowanie modelu biznesowego w miarę rozwoju firmy.

 **REKOMENDACJE AUTORÓW**

Aby stworzyć i wdrożyć nowy model biznesowy, Osterwalder i Pigneur sugerują pracę opartą na pięciu fazach:

Mobilizacja poprzez dokładne określenie celów projektu, przetestowanie pierwszych pomysłów, zaplanowanie projektu i skompletowanie zespołu doświadczonych i pełnych chęci ludzi o różnych profilach;

Zrozumienie, poprzez badania rynku i analizy przekrojowe;

Projektowanie, które polega na odkrywaniu, testowaniu i porzucaniu z góry przyjętych idei, które są wygodne, ale które uniemożliwiają ludziom postrzeganie rzeczy w inny sposób;

Stworzenie poprzez wdrożenie biznes planu i planu finansowego;

Zarządzanie poprzez rygorystyczne monitorowanie sytuacji na co dzień w celu dostosowania lub nawet ewentualnego przemyślenia modelu biznesowego.

Szybkie rekomendacje

Kiedy lider rozważa ponowne przemyślenie modelu biznesowego swojej firmy, zawsze powinien:

* zapewnić, że ich podejście jest uzasadnione, odpowiednie i spójne;

* zagwarantować aktywny udział wszystkich szczebli przedsiębiorstwa w celu uzyskania kompleksowego obrazu sytuacji i uniknięcia ewentualnego oporu wobec zmian;

* powołać bezstronnego mediatora, który może prowadzić dyskusje i stawiać wyzwania uczestnikom;

* podsumować to, co już istnieje, aby zdecydować, czy zacząć od zera, czy nie;

* zdecydować, komu powierzyć odpowiedzialność za projekt, aby zapewnić płynne przejście podczas wdrażania nowych wytycznych.

STUDIUM PRZYPADKU

Przedmiotem niniejszego studium przypadku jest księgarnia niespecjalistyczna, która sprzedaje powieści, książki o sztuce i muzyce, publikacje akademickie i naukowe. Znana jest z jakości swoich rekomendacji dotyczących literatury, a także z dużego katalogu podręczników szkolnych i akademickich.

Ponieważ w ostatnich latach w branży księgarskiej zaszło wiele zmian, takich jak wprowadzenie sprzedaży internetowej, księgarnie są coraz mniej oblegane. Ponadto przedmiotowy punkt sprzedaży boryka się z silną konkurencją: na niewielkim obszarze znajduje się kilka księgarni, a każda z nich stara się uzyskać przewagę poprzez dywersyfikację lub specjalizację. W szczególności na rynku podręczników szkolnych pojawił się bezpośredni konkurent. Nadszedł więc czas, aby sklep ponownie przemyślał swój model biznesowy, aby mógł nadal funkcjonować.

Kierownik księgarni postanawia zrewidować swój model biznesowy i zwołuje swoich pracowników (zespół ds. komunikacji, księgowego, księgarzy, zespół recepcyjny itp.), aby dokonać przeglądu sytuacji. Wspólnie muszą zadać serię pytań, aby wypełnić kanwę i zaktualizować obecny model biznesowy. Należy tu zaznaczyć, że mogą zacząć od dowolnego kwadratu na modelu.

Porady dla liderów

Osterwalder przestrzega przed pewnymi pułapkami:

Nie obawiaj się zbyt śmiałych pomysłów, do tego stopnia, że będziesz je systematycznie odrzucać. Choć mogą one generować większe ryzyko, często są też bardziej interesujące. Nie oznacza to jednak zatwierdzania ich bez dalszej refleksji. Można je na przykład wstępnie przetestować, a następnie skorygować i dostosować, jeśli okażą się skuteczne.

Nie należy automatycznie zaczynać od zera, ponieważ mogą istnieć pewne przydatne elementy, które można zachować z poprzedniego modelu.

Nie wykluczaj niektórych członków zespołu, ponieważ najlepsze pomysły często powstają poprzez dzielenie się nimi.

Nie skupiaj się tylko na krótkich terminach. Jak w przypadku każdego projektu modelu biznesowego, patrzenie na długi okres ogranicza ryzyko.

Analiza starego modelu biznesowego

W miarę postępu dyskusji kanwa wypełnia się i ujawnia przegląd aktualnego stanu rzeczy, z mocnymi i słabymi stronami obecnego modelu biznesowego.

- **Segmenty klientów. Kim są najwięksi klienci księgarni? Do jakich segmentów docierają? Dla kogo tworzą wartość?** W tym przypadku główni klienci pochodzą ze szkół i uczelni, które bezpośrednio wysyłają swoich uczniów do tej księgarni. Biblioteki i lojalni klienci – głównie emeryci – odwiedzają ją regularnie, aby skorzystać z jej rekomendacji.

  - Stabilny rynek: Biblioteki i lojalni klienci.

  - Rynek do odzyskania co roku: uczelnie.

  - Odwiedziny osób prywatnych lub ogółu społeczeństwa, które znają nazwę księgarni lub już ją odwiedzały, a które przychodzą raz lub więcej w roku, w mniej lub bardziej przypadkowych momentach (konkretna książka lub zamówienie, przeglądanie, prezenty itp.)

- **Propozycja wartości. Jaka jest wartość dodana księgarni?**

  - Mądre rady dla lojalnych klientów, społeczeństwa i bibliotekarzy.

  - ‚Bezkonkurencyjne ceny' dla niektórych bibliotekarzy oraz dla szkół czy uczelni (a więc pośrednio dla studentów).

- **Kanały. W jaki sposób sklep komunikuje się z klientami? Z jakich kanałów korzysta?** Obecnie wykorzystywane kanały to zasadniczo e-mail i telefon. Z uczelniami i bibliotekami kontaktuje się na ogół zdalnie, natomiast księgarze pracują poprzez bezpośredni kontakt z klientami, którzy odwiedzają sklep.

- **Relacje z klientami. Jakie relacje ma księgarnia ze swoimi klientami?** Utrzymuje relacje oparte na zaufaniu z lojalnymi klientami oraz z instytucjami takimi jak biblioteki i uniwersytety. W tych relacjach wszyscy czerpią korzyści: firma może obniżyć swoje koszty, a biblioteki i uczelnie kupują książki po najlepszej cenie. Relacje z klientami są dostosowywane w zależności od klienta.

- **Strumienie przychodów. Za co płacą klienci? W jaki sposób płacą?** Towary sprzedawane są bezpośrednio: klienci płacą bezpośrednio w kasie lub na podstawie faktury w przypadku bibliotek i uczelni. Płacą ze świadomością, że otrzymują usługę i poradę, do której są przyzwyczajeni i którą cenią.

- **Kluczowe zasoby. Jakich kluczowych zasobów wymaga propozycja wartości księgarni?**

  - Kluczowe zasoby księgarni to przede wszystkim zasoby ludzkie, zwłaszcza w dzisiejszych czasach. Klienci udają się tam, aby uzyskać poradę i utrzymać szczególną relację z księgarzem.

  - Drugim kluczowym zasobem są finanse (ceny sprzedaży i rabaty omawiane przez dostawców, którzy mają szczególny wpływ na sprzedaż do uczelni i bibliotek).

- **Kluczowe działania. Jakie są kluczowe działania wynikające z propozycji wartości księgarni?** W celu zapewnienia najlepszej ceny dla uczelni i bibliotek, kierownik robi regularne badania rynku dotyczące cen i usług oferowanych przez konkurencję. Ponadto jakość doradztwa zależy od fachowości księgarzy.

- **Kluczowe partnerstwa. Kim są kluczowi partnerzy księgarni? Z kim współpracuje? Którzy partnerzy pomagają jej w generowaniu wartości?** Księgarnia nawiązała niezawodne relacje z siecią wyspecjalizowanych dostawców. Ich sytuacje ekonomiczne są ze sobą ściśle powiązane: spadek sprzedaży w przypadku księgarni powoduje utratę dochodów dla dostawców. Dostawcy sporządzili więc listę zamówień, którą należy regularnie weryfikować, ponieważ nie zawsze odpowiada ona rzeczywistej sprzedaży księgarni (nadwyżki książek, których sklep nie zdąży sprzedać). Należy więc znaleźć równowagę, zwłaszcza że niektórzy dostawcy "blokują" zamówienia, jeśli księgarnia zalega z płatnościami (to oczywiście oznacza mniejsze zapasy, co z kolei generuje mniejszą sprzedaż, tworząc błędne koło). Dlatego tak ważne jest utrzymywanie relacji opartych na zaufaniu z dostawcami. Dystrybutorzy również odgrywają ważną rolę, ponieważ konieczne jest, aby księgarnia dotrzymywała obiecanych terminów dostaw. W tym zakresie konkurencja jest silna ze strony serwisów internetowych, które gwarantują dostawę w ciągu dwóch do trzech dni roboczych. Ten punkt można poprawić, ponieważ obecnie księgarnia cierpi z powodu długich opóźnień.

- **Struktura kosztów. Jakie są główne koszty funkcjonowania księgarni? Jakie działania są najbardziej kosztowne?** Księgarze obsługują zamówienia bezpośrednio. Kierownik obsługuje konkretne prośby uniwersytetów w celu zamówienia większych ilości. Koszty zakupu są zróżnicowane, ponieważ zależą od wielkości zamówień i ewentualnych rabatów oforowanych przez dostawcę: obecnie są one zbyt wysokie.

Koszty wynagrodzeń są również znaczące, ponieważ średnia wieku pracowników jest stosunkowo wysoka.

Dostosowanie modelu biznesowego

Kiedy wzyscy uczestniczą, wszystko wydaje się możliwe: muszą po prostu odważyć się zadać pytania niezbędne do aktualizacji modelu biznesowego. Mogą rozpocząć swoje rozważania od dowolnego z pól na kanwie. Najlepiej, gdyby upewnili się, że innowacje są wyobrażone dla każdego pola na kanwie, a następnie wybrali najbardziej odpowiednią sugestię dla danej sytuacji.

W ten sposób, poprzez dodawanie, usuwanie i przenoszenie karteczek samoprzylepnych z różnymi pomysłami każdego pracownika księgarni, model jest reprezentowany bardziej obiektywnie, co generuje nowe konstruktywne synergie.

Główne zmiany:

Ta innowacyjna wersja modelu biznesowego stawia klienta w centrum zainteresowania: dąży do optymalizacji propozycji wartości, rozwoju relacji z klientem itp. Ten ostatni wymiar, który często jest pomijany lub odkładany na bok przez firmy, może w inteligentny sposób kierować wyborami strategicznymi. Nowa konfiguracja lepiej odpowiada na problemy, z jakimi boryka się księgarnia, ponieważ klient, który może mieć różne powody do czytania (od lojalnego, starszego klienta po rozwój nowego segmentu, który jest młodszy i/lub nie chodzi już do księgarni), jest umieszczony w centrum struktury ekonomicznej. Księgarnia przede wszystkim musi dokonać przeglądu swoich kluczowych działań (czytania, wydarzenia literackie, szkolenia pracowników), struktury kosztów (strona internetowa, koszty wynagrodzeń), kluczowych partnerów (dystrybutorzy, dostawcy, konkurencja), kanałów komunikacji (rozwój strony internetowej) itp.

OGRANICZENIA I ROZSZERZENIA

OGRANICZENIA I KRYTYKA

- **Brak koncentracji na aspekcie strategicznym.** Jak przedstawiono wcześniej, BMC ignoruje strategiczny aspekt biznesu. W centrum swojego podejścia umieszcza propozycję wartości, zakładając, że podstawowym pragnieniem każdego przedsiębiorstwa jest generowanie zysków. Jest to istotne, jeśli nie niezbędne, dla przetrwania firm, ale nie wszystkie stawiają zyski na szczycie swojej agendy. W szczególności dotyczy to stowarzyszeń non-profit. Podejście strategiczne jest ważne dla rozwoju każdej firmy, a lekceważąc je ryzykujemy, że ominiemy ważne segmenty klientów, których być może nie braliśmy pod uwagę.

- **Nie może być wdrożony przez wszystkie firmy.** Według Philippe'a Moricou (profesora strategii w ESSCA) w wywiadzie dla serwisu My-Business-Plan.fr, wydawałoby się, że BMC można łatwiej zastosować do firm prowadzących pojedynczą działalność, takich jak startupy, niż do organizacji wielobranżowych. Moricou uważa, że wynika to z prostoty matrycy. Rzeczywiście, potencjalne synergie pomiędzy różnymi działaniami mogą niekoniecznie pasować do stosunkowo podstawowych pól w modelu.

- **Nieuwzględnienie konkurencji.** Business Model Canvas koncentruje się na strukturze i wewnętrznym funkcjonowaniu firmy i nie uwzględnia (lub uwzględnia w bardzo ograniczonym zakresie) czynników zewnętrznych, takich jak konkurencja. Myślenie o konkurencji przy tworzeniu modelu jest jednak ważne, ponieważ zmiana na tym poziomie może mieć na niego bezpośredni wpływ, wymagając od firmy np. rewizji celów. W naszym studium przypadku firma chciała zrewidować swój model biznesowy ze względu na rosnącą konkurencję, która mogła wpłynąć na jej propozycje wartości.

- **Analiza statyczna.** BMC nie uwzględnia ewolucji badanego przedsiębiorstwa: pozwala na przegląd sytuacji w danym momencie, a więc całkowicie pomija perspektywę długoterminową.

POWIĄZANE MODELE I ROZSZERZENIA

Ponieważ Business Model Canvas ma pewne ograniczenia, w tym w szczególności brak wymiaru strategicznego, warto rozważyć połączenie go z innymi narzędziami, tak aby mogły się one wzajemnie uzupełniać.

Macierz BCG jako przewodnik po strategii

Model ten, oparty na czterech typach strategicznych obszarów biznesowych (gwiazdy, znaki zapytania, krowy pieniężne i psy), może stanowić uzupełnienie BMC, który nie uwzględnia tych realiów, jakie wpływają na wybory strategiczne. Ideą macierzy BCG jest ocena zarówno rynku produktu, jak i perspektyw jego wzrostu na tym rynku. Firma wykorzystuje te parametry do określenia priorytetów w portfelu produktów i zapewnienia długoterminowego tworzenia wartości oraz zarządzania przepływami pieniężnymi.

Pięć sił Portera, aby pokonać konkurencję

Pięć sił Portera określa atrakcyjność danej branży. Zakłada się, że firmy dążą do uzyskania przewagi konkurencyjnej, której miarą jest zdolność do generowania zysków lub przechwytywania zasobów. Te pięć sił to: potencjalni uczestnicy (ci, którzy mogą wejść na rynek i być zagrożeniem), produkty substytucyjne (produkty będące bezpośrednią konkurencją), klienci i dystrybutorzy, a także dostawcy (którzy wszyscy mają siłę przetargową).

PODSUMOWANIE

- Business Model Canvas pochodzi z książki Business Model Generation: A Handbook for Visionaries, Game Changers and Challengers, której współautorami są Alexander Osterwalder i Yves Pigneur w 2011 roku.

- Jest to praktyczny model, który jest bardzo łatwy w użyciu i bezpośrednio stosowany. Angażuje wszystkie szczeble w hierarchii firmy, ale jest bardziej odpowiedni dla startupów niż dużych przedsiębiorstw.

- Macierz opiera się na propozycji wartości dostarczanej klientom. Dziewięć bloków tworzących kanwę nakłada się na siebie, a model biznesowy jest rozwijany z wykorzystaniem synergii powstałych między nimi:

  - kluczowe działania

  - kluczowe partnerstwa

  - kluczowe zasoby

  - segmenty klientów

  - kanały

  - relacje z klientami

  - propozycja wartości

  - struktura kosztów

  - strumieni dochodów.

- Zastosowanie karteczek samoprzylepnych pobudza kreatywność, ponieważ można je swobodnie przemieszczać podczas warsztatów. Angażuje to różnych uczestników, którzy zastanawiają się nad generowaniem zysków w firmie. Celem jest uświadomienie sobie różnych środków, które należy wdrożyć, aby zrealizować konkretny i bezpośrednio stosowany plan.

- Autorzy formułują kilka ważnych zaleceń: zapewnienie legitymizacji procesu, położenie nacisku na przegląd modelu, rozważenie powołania mediatora do prowadzenia dyskusji, podsumowanie obecnej sytuacji oraz wskazanie osób odpowiedzialnych za realizację projektu.

- Jak widzieliśmy na konkretnym przykładzie księgarni, relacje z klientami i propozycje wartości są w tej kanwie fundamentalne. Autorzy ostrzegają jednak liderów biznesu, aby nie bali się być zbyt pomysłowi, aby w projektowanie BMC zaangażowali jak najwięcej osób i aby za punkt wyjścia przyjęli to, co już znają, a nie zaczynali od nowa, gdyż może to spowodować poważne problemy ze spójnością.

- Narzędzie to ma jednak pewne ograniczenia, takie jak brak uwzględnienia aspektów strategicznych i konkurencyjnych. Użycie go wraz z biznesplanem sprawi, że nie zapomnimy o żadnym szczególe.

PRZECZYTAJ

BIBLIOGRAFIA

Créativité.net (2016) *Business Model – Nouvelle Génération: Un guide pour visionnaires, révolutionnaires et challengers d'Alexander Osterwalder et d'Yves Pigneur*. [Online]. [Dostęp 20 lipca 2015]. Dostępny w: < http://www.creativite.net/business-model-nouvelle-generation-alexander-oster-walder-yves-pigneur/>.

Kotler, P., Keller, K. i Manceau, D. (2012) *Zarządzanie marketingiem*. [14] wydanie. Paris: Pearson.

Menin-Urien, G. (2012) 2013, action commercial – Conseil 6 : apportez de la valeur ajoutée! *Le Blog du Manager commercial*. [Online]. [Dostęp 20 lipca 2015]. Dostępny w: < http://www.management-commercial.fr/2012/12/21/2013-quelle-action-commerciale-apportez-de-la-valeur-ajoutee/>.

My-Business-Plan.fr (2013) *Philippe Mouricou vous dit tout sur le Business Model Nouvelle Génération*. [Online] [Dostęp 8 lipca 2015]. Dostępny w: < http://www.my-business-plan.fr/interview-philippe-mouricou-business-model>.

Osterwalder, A. i Pigneur, Y. (2010) *Business Model Generation: A Handbook for Visionaries, Game Changers, and Challengers*. Hoboken, New Jersey: John Wiley & Sons.

UCM (2016) *Le Business Model Canvas. Un outil stratégique pour l'entreprise*. [Online]. [Dostęp 8 lipca 2015]. Dostępny w: < http://www.ucm.be/Entreprendre/Le-Business-Model-Canvas-Un-outil-strategique-pour-l-entreprise>

University of Lausanne (2016) Yves Pigneur. *Facultés des Hautes Études Commerciales*. [Online]. [Dostęp 20 lipca 2015]. Dostępny w: < https://hec.unil.ch/people/ypigneur>.

Dodatkowe źródła

Strona internetowa Business Model Canvas: http://www.businessmodelgeneration.com/canvas/bmc

Strona Aleksandra Osterwaldera: http://alexosterwalder.com/

Wideo

Business Model Canvas Explained. (2011) [Video]. Dostępny w: < https://youtu.be/QoAOzMTLP5s>

Osterwalder objaśniający Business Model Canvas. (2012) [Video]. Dostępny w: < https://www.youtube.com/watch?v=RzkdJiax6Tw>

Master ISBN : 9782808066426
Papierowy ISBN : 9782808069076
Depozyt prawny: D/2022/12603/142

Projekt cyfrowy: Primento - cyfrowy partner wydawców.